IRINA RABEJA

POEZIE   *POETRY*
PROZĂ   *PROSE*

IRINA RABEJA

POEZIE POETRY
PROZĂ PROSE

A catalogue record for this
book is available from the
National Library of Australia

ISBN: 978-0-6486752-5-9

Reference: Astronomy, Mythology, History, Science

Publisher Irina Rabeja
Sydney Australia
2023

Copyright © Irina Rabeja
All rights reserved

The book is the product of writer's imagination, fantasy, ability.
Similarity to actual persons is purely coincidental.

CONTENT

POEZIE / PROZĂ	Pg
CRIVĂȚ-ÎMPĂRAT	11
A VENIT PRIMĂVARA	13
EPIGRAMĂ	15
NOAPTE	17
MÂNDRĂ PRIMĂVARĂ	19
OH, TU TE-AI DUS!	21
FLORICICĂ	23
PRIMĂVARĂ	25
A PRIMĂVERII-NFĂȚIȘARE	27
PĂMÂNTUL	29
OCHI ALBAȘTRI	31
ZEUL SOARE	33
LA MAREA CEA ALBASTRĂ	35
MÂNĂSTIRE	37
CUGETARE	39
BALADĂ	41
NOSTALGIE	43
DE CE?	45
DEPĂNARE	47
EXCURSIE IN BANAT	49
MAGELLAN	53
MARIE CURIE	61

POETRY / PROSE

VIEW FROM THE STREET	71
THE SEA	73
THE SUN	75
THE PLANETS	77
FOR SPOT	79
THE GREAT WALL	81
THE UNIVERSAL OSCILLATION	83
THE GENETIC CODE	85
THE COMPUTER	87
THE OLYMPICS	89
THE HOLIDAY	91
ANABELLA *Tale*	93
SUNRAY *Tale*	95
ORION *Tale*	97
YELLOW PRINCESS *Tale*	103
IMAGERY	107
THE LIFE IS LIKE THAT	111

POEZIE
PROZĂ

CRIVĂȚ-ÎMPĂRAT
1955

Într-o iarnă friguroasă
De nici lupul blană groasă
N-a ieșit deloc din casă
Veni Crivăț-Împărat
Să ne dea binețe-n sat

Și veni cu fulgii roi
Și cu aripile-ntinse
Creând alte plaiuri, noi
Cernind mărgărite dense

Păduri de argint se-ntind acum
Câmpiile au plăpumi albe
Și marele dulgher, el Crivăț
Zidi și poduri peste ape

În hornuri vântul vâjâie cumplit
Și satele par pustiite
De-atâta alb nemărginit
De-atâtea roiuri nesfârșite

Când cerul s-a înseninat
Străpuns de mândrul soare
A plecat Crivăț-Împărat
Spre-mpărăția din zare

A VENIT PRIMĂVARA
1956

Păsărele ciripesc
Granguri se aud
Tot și toate-s frumuseți
Toate-s ca-n povești

De pe-o creangă-n alta sar
Vrăbiuțe în grup
Cu codițele mici
Și-ochișori de licurici

Și de ce nu ar sări
Când e lumea lor:
Covorașe verderi
Și omizi din pom

EPIGRAMĂ
1956

Ici în colţul din perete
S-a luat o măsură
Să se afişeze
Toţi cei "melci" la-nvăţătură
Şi peniţa şi urzica
Îi vor înţepa
Cu al lor ac ce-i satiric
Care-i va durea
Aşa că voi băieţi şi fete
Să vă feriţi de-acum
În colţul din perete
Să n-apăreţi, nicicum

NOAPTE
1957

Noaptea-ncet din cer coboară
Îmbrăcând totul în negru
Aruncând mantia-i lungă
Peste grânele din luncă

Luna-n ceruri luminează
Ca un foc pe-o mare vatră
Ce din jar ce scânteiază
Lasă mii de stele-odată

MÂNDRĂ PRIMĂVARĂ
1957

S-a dus mantia albă
Ce îmbrăca imașul
S-au dus acele zile
Când moșu-avea limbajul

Pâraie mari umflate
Spre vale curg acum
Pe jos prin iarba mică
A și-apărut un drum

E primăvară iată
Ea a venit din nou
De flori înmiresmată
Și cu ceva mai nou

Nimic nu-i stă în cale:
Nici vânt nici ger nici ploi
Ea ca prin vis apare
Neapărat la noi

Un fir de iarbă verde
Un căpușor de floare
Un cânt de vrăbiuțe
Mai vesel și mai dulce

Toate prevestesc iară
O Mândră Primăvară

OH, TU TE-AI DUS!
1960

Oh, tu te-ai dus, te-ai dus spre noi pământuri
Și cu durere ne-ai lăsat
Și plâns-am mult când ai plecat
Dar în al serii ceas când am căzut pe gânduri
Noi te-am văzut urcând spre ceruri
În mână cu-n toiag
Având în juru-ți stele
Și-o mare de smaragd
De-ați Domnul pace
Noi ne rugăm cu drag!

FLORICICĂ
1960-1962

Floricică, floricea
De ce eşti aşa de rea
Şi doar două zile stai
Pe crenguţă-n luna mai?
Stai mai mult şi-nveseleşte
Ochiul care te priveşte
Eşti gingaşă şi frumoasă
Fă-mi şi viaţa luminoasă

PRIMĂVARĂ
1960-1962

O primăvară fericită
În falduri lungi de viorele
S-a arătat acum grăbită
Purtând în brațe albastrele

Cu hărnicie și migală
În ram de pom anină floarea
Pășind ușor cu mers de gală
În câmp deschide-ncet cicoarea

A PRIMĂVERII-NFĂȚIȘARE
1961

Cu rochie lungă de viorele
Țesute în falduri de dantele
Venind din zarea nesfârșită
A apărut cea mult dorită
A primăverii-nfățișare
A-ntins albastrul peste mare
Și verdele peste câmpii
A-mprăștiat în mii și mii
Culori de curcubeu din zare
În căpușoarele de floare

PĂMÂNTUL
1962

E toamnă, vântul bate,
Furtuni, din cer se lasă
Nori negri ce apasă
Pe-al Terrei bătrân spate

Natura-mbătrâneşte
Şi frunza arămeşte
Şi galben e pământul
Ce trist îşi cântă cântul

Din grele gânduri însă
Deodată tresări
Urechea lui întinsă
Un sunet auzi

Un sunet lung de glasuri
Prinse din zbor de vânt
Ce fără de zăgazuri
Spre ceruri străbătând

Vestind că lume nouă
Pe acest pământ va fi
Pământul, ca în rouă
Îi pare a se trezi

Uită de bruma rece
Ce-i sta ca un covor
Cu gândul ani el trece
Privind spre viitor

OCHI ALBAȘTRI
1962

C-un loden gri tu ai intrat
  Pe ușa de-ncăpere
  La tine ochii mei au stat
  Apoi pe nicăiere

Dar o privire-a fost de-ajuns
  În ochii tăi albaștri
  Ca să-ntrevăd un vis ascuns
  Chemându-mă din aștri

ZEUL SOARE
1974

Te-arunci mereu cu raze lungi
Din bolți unde doar tu ajungi
Pe piatra-ntinsului Pământ
Pe care eu de-o clipă sunt

Te-arunci mereu cu patos greu
În flori ce-nchină l-al tău eu
Petale-n mii culori muiate
De sute fluturi sărutate

Te-arunci mereu din bolți cu nori
Sub care trec în zbor cocori
Și frunze-ți port culoarea-n vânt
Trimise-ți sunt pe-acest Pământ?

Te-arunci mereu cu raze reci
Prin vânt de fulgi și de nămeți
În dalba și întinsa nea
Ce-ngheață-n ger inima mea

Mă scald în raza ce-a atins
Pământ în jur de-o palmă-ntins
Și-mi torni speranță-n suflet stins
Mi-e iarăși dor, de necuprins

LA MAREA CEA ALBASTRĂ
1975

La marea cea albastră aș vrea să fi venit
Să văd cum valuri albe se joacă răzlețit
Să văd cum valul verde cuprins e de amor
Și cu nisipul galben se prinde-n joc de dor

La marea cea albastră aș vrea pe loc să zbor
Să văd cum apa-i geme când soarele-i în nor
S-o văd cum se-nfierbântă și-n spumă se-mpresoară
Când valul ei izbește în stânci, în fapt de seară

La marea cea albastră aș vrea să-mi petrec viața
S-o văd candidă, blândă in zori de dimineața
Bogată și frumoasă când soarele e sus
Și-ascunsă-n vraja serii când el e la apus

MÂNĂSTIRE

Mânăstire, suflet veșnic
Care arde într-un sfeșnic
Suflet viu al nemuririi
Cast sălaș al fericirii
Ștefan Domn îți este tată
Mamă ți-e Moldova toată

CUGETARE

Se sparse steaua-n mare
Și plânse cu amar
Se stinse și rămase
Nimic din al ei jar

Iar marea în adâncuri
Simți ceva bizar
– Or fi iar alte stele
De ce cad în zadar?

BALADĂ

Din urlet de cascadă
Din ape azurii
Tu te-ai născut baladă
În zorii unei zi

Și mugetul de apă
Și susur de izvor
Te poartă-n lumea largă
Ca pe un cânt de dor

NOSTALGIE

Mi-e dor de tine mare
Și sufletul mi-e greu
Căci eu te simt departe
Străină de-al meu eu

DE CE?

De ce mi-e dor de tine, iubitul meu albastru
De ce mi-e caldă mâna când ochi-ți mi-amintesc
Și când mi-apari în cale prezență de sihastru
Eu cred că pasu-mi calcă pe țărm nepământesc

De ce când marea verde îmi cântă languroasă
Și soarele se lasă în raze lungi pe plajă
Și când privirea-mi lume găsește-n jurul meu
De ce cu ochii minții spre tine doar cat eu?

DEPĂNARE

Ce crudă și frumoasă ești tânără, iubire
Ce pașnică și dulce ești tu la apogeu
Ce calmă și senină după a ta trăire
Așa te văd iubire, așa te depăn eu

EXCURSIE ÎN BANAT
1959

....

Am petrecut minunat in excursia de care ți-am pomenit în scrisoarea precedentă. Am vizitat aproape tot Banatul; am văzut împrejurimi minunate.
Cu trenul am plecat din Brașov sâmbătă seara, îndreptându-ne spre Hunedoara. La Hunedoara am vizitat uzinele de tractoare și laminoarele. De asemenea am vizitat castelul Huniazilor, castel construit și refăcut de Ioan Corvin/Huniade. Am văzut sala cavalerilor și alte încăperi. De fapt clădirea este în reparație și gloria și bogăția acelor care au trăit acolo nu se vede; amintirea lor sălășluiește doar în zidurile mute și înalte, stâlpi din vremea feudalismului.
Pe pardoseala din camera cavalerilor se găseau mai multe steme din timpul lui Ioan Corvin. Tot de acolo, după o legendă, se spune că s-ar fi săpat un tunel care face legătura cu castelul de la Deva. Dar tunelul nu are decât capetele; la mijloc este înfundat.
Aici își adăposteau castelanii banii și averile.
De la Hunedoara am plecat cu trenul la Petroșani unde am stat puțin în gară; și apoi am plecat la Lupeni.
Aici am vizitat locul unde se prelucrează cărbunele scos din mină (mina nu am putut-o vizita).
De la Lupeni ne-am întors la Petroșani și de acolo pe linia Bumbești-Livezeni am plecat la Turnu Severin. Acest drum este minunat. Este unul din cele mai sălbatice tablouri ale naturii. Întâlnești când stânci înalte și drepte când munți împăduriți sălbatic. In stânci sunt săpate 39 de tunele din piatră.

Note: EXCURSIE ÎN BANAT este o descriere dintr-o scrisoare către bunic

Acum am ajuns la Turnu-Severin. Aici am vizitat ruinele podului lui Apolodor din Damasc. Pe cărămizile rămase se disting inscripții romane cu numele legiunii care le-a fabricat. De pe mal de la noi se puteau vedea, dincolo de Dunăre, și ruinele celuilalt picior de pod.
Ce-a rămas din gloria romană!? Atât.
Totuși și acum se vede măiestria cu care a fost lucrat acest pod de către militarii romani.
Apoi am plecat la Herculane. Aici am văzut statuia lui Heracles; de asemenea am vizitat și izvoarele calde.
De la Herculane am plecat la Orșova și acolo am luat vaporul spre a face o călătorie pe Dunăre.
Alt drum minunat!
Alunecam pe un hotar care în ziua aceea era destul de liniștit. Pe amândouă părțile se vedeau peisaje încântătoare. Pe malul iugoslav munți înalți, împăduriți, la noi munți mai rotunzi cu spinările mai domoale, puțină câmpie și în unele locuri – lunca. Papura și sălciile singurele locuitoare.
Dar la Cazane lunca nu mai era, Dunărea era mai învolburată, mai mânioasă și acum rupând malurile. Pe malul iugoslav se poate vedea și acum șoseaua romană săpată în stâncă și o inscripție romană.
Am ajuns în locurile cele mai primejdioase. Apa se învârtește în ochiuri largi făcând spume. Pădurile lasă loc numai stâncilor goale. O stâncă se ridica din apă; Dunărea o ocolește dar peste câțiva ani o va nimici.
Atât la dreapta cât și la stânga noastră se întinde un tablou sălbatic. Singur castelul lui Maria Tereza străjuiește din înălțime, însă fără oșteni, cu porțile deschise ca și cetatea Neamțului la plecarea oștenilor moldoveni.

La Cazane Dunărea are cea mai mare adâncime, 71 m.
Încet, încet Dunărea se lăţeşte.
Acum o luăm contra curentului apei. Ajungem la
Moldova Veche. Coborâm, înnoptăm iar dimineaţa
plecăm cu camionul la Oraviţa.
Şi acest drum a fost frumos. Mergeam pe serpentine şi
cântam. Munţii erau aproape, oameni se vedeau rar, nouă
ce ne păsa. E adevărat am avut câteva pane, dar ele n-au
însemnat nimic. Munţii Banatului sunt foarte frumoşi cu
toate că sunt mai mici ca ai noştri.
Am ajuns la Oraviţa. De aici am luat trenul şi am plecat
la Reşiţa. Aici într-adevăr industrie. Hale moderne în
care se găsesc utilaje perfecţionate, totul mult mai
amenajat decât la Hunedoara.
De la Reşiţa am plecat la Timişoara.
Am rămas impresionată de acest oraş. Clădiri înalte, nu
vezi chichineţe părăginite. Aşa a fost întotdeauna şi e
curat. Aici am vizitat un muzeu – epoca primitivă şi
sclavagistă.
De la Timişoara am plecat la Arad. Aradul nu l-am
vizitat.
Apoi la Sibiu. E un oraş mic dar curat şi se aseamănă
foarte mult cu Braşovul.
Din Sibiu am plecat duminică dimineaţa iar la ora 13 am
fost acasă.
Astfel am petrecut o săptămână plăcută şi foarte
folositoare.

....

MAGELLAN, DESCHIZĂTOR DE DRUMURI PENTRU CUNOAȘTEREA REALĂ A LUMII
1959-1960

Mirodeniile, privite azi, poate aceste plante orientale ne par ceva destul de neînsemnat. Nu ne putem închipui că ele au constituit obiectul unei concurențe maritime, obiectul certurilor de avere și chiar obiectul marilor cuceriri geografice ce au culminat în secolul XVI.
Prin raritatea, prin caracterul exotic, prin magia depărtărilor de unde sunt aduse, poate și prin scumpetea lor, toate produsele orientale au căpătat pentru Europa o putere de sugestie și un farmec hipnotic. Numai simplul exemplu că un săculeț de piper se plătea în Evul mediu cu un săculeț de argint în greutate aproape egală ne face să ne dăm seama de prețul colosal al mirodeniilor.
Un om putred de bogat era poreclit „sac de piper".
Desigur că nu pe tot globul aceste mirodenii atât de neprețuite în Europa aveau același preț. Dincolo de peninsula arabă existau insule și țări fericite în care toate aceste condimente se găseau pe toate cărările, erau țări în care ele nu aveau poate nici un preț. De aici însă ele puteau fi aduse numai de arabi care păstrau cu grijă secretul negoțului. Fiecărui port prin care trec aceste mirodenii i se plătește o vamă. Și ca ele să ajungă din Malaga și Indii până în Europa trecând Oceanul Indian, Peninsula Arabă, Marea Roșie, Egipt, Marea Mediterană, desigur că prețul lor creștea colosal.
Arabii nu permiteau europenilor să îi concureze, își păstrau secretele.
Atunci s-a căutat să se găsească alte drumuri, noi.

Dar cum? Întrebarea era justă căci Europa, nordul Africii și o parte din Asia erau singurele puncte luminoase pe acel glob cufundat în întunericul ignoranței și al misticismului.
Timp de secole marinarii și-au șoptit cu groază că trecerea chiar numai a Capului Non este ceva irealizabil, căci dacă trece cineva dincolo de el și va pune piciorul în "Țara Diavolului" se va preface imediat în negru.
Dar în anul 1434 Capul Non este depășit de un portughez. Această veste uluiește Europa. Din ce în ce frica de necunoscut se destramă. Dar nu numai atât, Portugalia devine o țară extrem de importantă căci toți care obțin victorii atât de frumoase sunt portughezi.
În anul 1471 este atins Ecuatorul, în anul 1484 Diego Cam debarcă la gura Congoului, în anul 1486 Bartolomeu Dias atinge Capul Bunei Speranțe.
Pe la sfârșitul sec. XV Portugalia devine fruntea națiunilor europene. Umanistul florentin Poliziano spunea:
Portugalia este azi straja, păzitoarea veșnic trează a celei de a doua lumi.
Cam în acest timp se înfățișează la curtea portugheză Cristofor Columb. La curtea din Lisabona este ascultat cu atenție, totuși refuzat. Regele portughez nu dorea să-și piardă ducații pe o afacere vagă – drumul spre Indii pe la Apus. Această expediție s-a făcut totuși însă sub pavilion spaniol. A fost descoperit, dacă nu pământul Indiei, un pământ nou.
Pământul începe să-și arate toate fețele. Începe o goană nebună după descoperiri. Portugalia și Spania devin rivale într-o luptă oarbă după cuceriri de noi și noi pământuri. Dar papa are grijă ca cele două țări favorite

ale sale, în care religia avea un rol indispensabil, să nu se învrăjbească. Astfel prin bula din 4 mai 1493 împarte pământul, care nici nu-i era pe deplin cunoscut, ca pe un domeniu propriu, în două:
Pământurile descoperite și nedescoperite de la apus de insulele Capului Verde aparțin Spaniei și cele de la răsărit Portugaliei.
Cam în acest timp, mai sigur după anul 1512, se definește pe pânza vremii figura unui marinar dârz și neînfricat, erou al mai multor războaie cu oamenii și cu valurile, pe nume Magellan. De fapt numele său este neclar. Căci în documente portugheze apare ca Fernao de Magalhais sau Fernao de Magelhais; mai târziu el însuși se semnează când Maghallanes când Magellanes și cartografii au latinizat apoi această formă spaniolă în Magellanus. Numele sub care a rămas nemuritor este Magellan, sub care îl vom urmări de-a lungul vieții sale zbuciumate.
Până la vârsta de 35 ani el este trup și suflet în slujba regelui Portugaliei. Lupta în colonii, lupta cu marea, începând de la simplu marinar, până ajunge la titlul de „cavaleiro fidalgo". Dar acest titlu este destul de neînsemnat față de actele sale de eroism.
Preocupat de idea drumului spre insulele Moluce pe la Apus, Magellan, care străbătuse lumea pe vase, luptase în colonii, cere o audiență regelui său pentru a i se îngădui să pornească într-o expediție de cuceriri.
Dar lui Manuel I, regele Portugaliei nu îi este pe plac privirea dreaptă și sinceră a acestui încercat marinar și nu-i acceptă cererea.
De atunci Magellan nu mai revine la rege. Trăiește retras și singur, dar totuși se interesează de noile expediții și

mai ales studiază diferitele hărți și documente ce se găsesc în arhiva secretă a regelui, la Tesoraria. Astfel trăiește încă un an în Portugalia după care pleacă în toamna anului 1517 la curtea Spaniei, a cărui monarh era Carol Quintul I, pe atunci în vârstă de numai 18 ani. Aici parcă norocul îl urmărește pas cu pas. La Sevilla este primit în casa lui Diago Barbarosa, un portughez ce renunțase la cetățenia portugheză și care de 14 ani ocupa funcția de alcade al Arsenalului. Magellan este primit bine la curtea spaniolă; face impresie mai ales siguranța cu care vorbește de existența unei strâmtori în Noul Continent care să facă legătura pe la apus cu Indiile. Carol I acceptă cererea acestui îndrăzneț marinar. Magellan primește 5 vase pe care le aprovizionează în întregime cu tot ce era necesar. A fost o muncă grea și încordată căci, neștiind unde merge, pe ce pământuri va călca după parcurgerea imensității oceanelor, nu trebuia să uite nici o coală de hârtie, care poate va fi de neînlocuit.

La 10 august 1519 cele 5 corăbii: San Antonio, Trinidad pe care se găsea Magellan, Victoria, Santiago, Conception, pleacă cu direcția – necunoscut.

Totuși Magellan crede în idea sa. Crede că există într-adevăr o strâmtoare căci cercetând hărțile arhivei din Tesoraria a dat peste un fel de hartă schițată – portolatul lui Martin Behaim, în care se găsea indicată o strâmtoare în America de Sud cam pe la latitudinea 35^0, care cum s-a dovedit mai târziu era gura largă a fluviului La Plata. Dar când el a pornit din Sevilla era sigur că acea strâmtoare exista și aceasta poate i-a dat puterea de a rezista în fața neajunsurilor călătoriei.

Cele 5 corăbii aveau fiecare un conducător. Peste toți însă comandant suprem era Magellan. Fiind un caracter dârz și cam neîncrezător el nu a împărtășit cu nimeni planurile sale, ce a ce a atras după sine neîncrederea și până la urmă ura celorlalți căpitani. În urma unor discuții aprinse chiar izbucnește un război direct între Magellan și căpitani și punctul culminant este când Magellan îl arestează pe Juan de Cartagena unul dintre căpitanii spanioli.
Și totuși călătoria își urmează cursul. În curând corăbiile ajung în dreptul presupusei strâmtori. Acest fluviu, La Plata, prin gura sa largă care îl deschide spre mare poate înșela pe oricine ca fiind o strâmtoare.
Magellan e fericit. Trimite corăbii în recunoaștere, care însă se întorc cu un insucces. Strâmtoarea se îngustează în susul ei și apa e mai dulce. Deci aici nu e o strâmtoare. Magellan coboară mai jos de-a lungul coastei. Dar nimic. Călătoria înaintează din ce in ce mai greu; marinarii devin nemulțumiți.
Magellan știe însă că dacă va spune tuturor că s-a înșelat, că nu există strâmtoarea pe care o căuta nu va face decât să cadă in dizgrația tuturor. De aceea mai rece și mai nepătruns ca până atunci, el dă ordin ca corăbiile să ierneze în portul San Julian (cum a fost numit) din Țara de Foc sub un cer veșnic plumburiu, căci corăbiile coborâseră jos de tot de-a lungul coastelor. Aici se dezlănțuie o răscoală a marinarilor sub conducerea căpitanilor rebeli. Magellan reușește să o înfrângă și dă ordin de plecare. 4 din cele 5 corăbii (căci una naufragiase) își urmează cursul tot mai greu. Proviziile sunt pe terminate. Trinidad, Victoria, San Antonio și Conception ajung la un nou golf. Magellan trimite cu

inima îndoită corăbii în recunoaștere, hotărât că dacă nu va găsi strâmtoarea să se întoarcă acasă.
Dar corăbiile se întorc cu o veste bună. Strâmtoarea există. Cu pânzele întinse corăbiile încep să o traverseze, cu multă grijă căci era destul de primejdioasă.
Acum cel mai mare vas San Antonio dezertează și se întoarce în țară, condus de Estevao Gomez.
Corăbiile își urmează cursul; ele intră in Oceanul Pacific de la Răsărit la Apus. Echipajul este însă nemâncat și oboist. Dacă ar fi izbucnit o furtună ar fi fost demult naufragiați. Dar oceanul este neobișnuit de calm.
3 luni și 20 zile același soare cald se ridică în fiecare dimineață din mare și dogorește vasele. Apa este stătută, marinarii sleiți.
Însă în depărtare se arată pământul. Insule bogate sunt gata să-i primească. Magellan este primit bine de căpeteniile insulelor.
În primul moment el crede că a ajuns în Insulele Moluce dar de fapt el descoperă un nou arhipelag, Filipine.
În curând el pune stăpânire pe toate insulele în afară de una a cărui conducător, Silapulapu, nu vrea să se supună. Acest fapt nu-l alarmează prea mult pe Magellan.
El vrea să le dea o lecție băștinașilor despre omul inviolabil ce nu poate fi atins de nici o armă. Dar lupta se dovedește mai grea ca în închipuire. Sălbaticii devin agresivi și Magellan nu poate să se retragă ușor fiindcă avea un picior paralizat.
Este lovit de o săgeată, apoi o nou lovitură îl doboară. Băștinașii văzand că însuși căpitanul, comandantul acestor semizei este omorât devin și mai sălbatici. Și marinarii în loc să cheme un ajutor de pe corăbii, cu care desigur ar fi înfrânt gloata sălbaticilor, fug dezorientați.

Băștinașii pun pe fugă pe acești oameni care acum le par egali cu ei.
Fără comandant corăbiile se retrag în cea mai mare grabă. Conception, Victoria, Trinidad fug cât mai repede de locurile în care și-au pierdut căpitanul, în acea luptă absurdă cu un deznodământ atât de tragic.
Conception, vechi, îmbolnăvit de viața lui zbuciumată este scufundat. Victoria și Trinidad pleacă mai departe spre insulele Moluce. Acolo magaziile lor se încarcă cu mirodenii. Dar mai departe nu poate pleca decât Victoria sub conducerea lui Sebastian del Cano, căci Trinidad era îmbătrânit rău de tot. Victoria avea de străbătut drumul de la Moluce până în Spania. Un drum lung și Victoria era un vas vechi și uzat.
Mai mult decât atât. A străbătut acest drum fără nici o escală în porturile din cale, care erau toate portugheze, căci regele Manuel dăduse ordin ca oriunde se va opri o corabie sub pavilion spaniol să fie oprită și arestată. Sebastian del Cano a fost unul dintre cei care s-au răzvrătit contra lui Magellan, totuși el a dus cu bine la sfârșit greaua sarcină de a conduce această corabie. Singura escală a fost la Capul Verde. Folosindu-se de un vicleșug dându-se drept corabie portugheză, ei au reușit să-și împrospăteze proviziile, pentru a rezista încă un scurt drum până în patrie.
Spania era aproape. Victoria, numai cu 18 oameni la bord la 6 septembrie 1522 revine în patrie după o absență de 3 ani: 20 septembrie 1519 – 6 septembrie 1522
Toata lumea salută acest mare eveniment, salută prima corabie care a înconjurat pământul.
Sebastian del Cano este onorat peste tot. Dezertorii vasului San Antonio nu sunt trași la răspundere căci

Magellan este mort şi nu este nimeni să-i facă să dea socoteală pentru trădarea lor. Cei care au rămas în viaţă sunt ridicaţi la cele mai înalte ranguri. Mai ales că Victoria era plină de mirodenii cea ce a răscumpărat toate cheltuielile făcute în urmă cu trei ani.
Împăratul îl înalţă pe del Cano la rangul de nobil cavaler cu blazonul care îl prezintă în mod alegoric pe del Cano drept împlinitorul nemuritoarei fapte a lui Magellan, cu inscripţia "Primus circumdedisti me" ca o banderolă ce înconjoară pământul.
Magellan a fost dat uitării. Şi insulele Moluce pentru care Magellan a bătut atâta cale sunt vândute regelui Portugaliei pe o sumă infimă.
Chiar şi strâmtoarea Magellan urmăreşte cu nenorocul pe toţi cei care au trecut-o după el. Ea nu numai că nu devine o strâmtoare cunoscută şi practicată, cum visa Magellan, dar chiar este socotită una din cele mai dificile şi mai primejdioase căi. Atât de ignorată, atât de legendară devine această strâmtoare încât îndrăzneţul pirat Francis Drake se foloseşte de ea ca de o ascunzătoare sigură.
Iar când în anul 1913 canalul Panama îşi deschide stăvilarele, strâmtoarea Magellan a devenit cu desăvârşire de prisos.
Dar în lumina istoriei, utilitatea practică nu determină niciodată valoarea morală a unei înfăptuiri. Magellan şi-a sacrificat viaţa în expediţia sa şi prin această jertfire de sine într-adevăr eroică va rămâne în veci neuitată splendida îndrăzneala a celor cinci corăbii atât de mici, atât de slabe şi singuratice în imensitatea mărilor şi care au cutezat totuşi să pornească în sacrul război al omenirii împotriva Necunoscutului.

VIAȚA ȘI OPERA SAVANTEI MARIE CURIE
1959-1960

La 4 iulie 1959 s-au împlinit 25 ani de la moartea ilustrei savante Marie Sklodowska Curie. De numele ei este legată descoperirea elementelor radiu și poloniu.
Din cercetările făcute, oamenii cunosc actualmente în natură 92 corpuri, cele mai simple posibile, numite elemente
- făcând abstracție de elementele transuranice - care stau la baza tuturor corpurilor care ne înconjoară. Două dintre aceste elemente sunt poloniul și radiul.
De origine poloneză Maria Sklodowska s-a născut la Varșovia la 7 noiembrie 1867.
Tatăl ei Wladislaw Sklodowski, profesor de fizică și subinspector la gimnaziul din Varșovia a făcut universitatea la Petersburg. Era un om cu adevărat erudit, cunoștea limbile clasice, latina și greaca, iar din limbile moderne rusa, poloneza, franceza, germana și engleza.
El a tradus în limba natală, proză și versuri din cele mai frumoase lucrări din literatura străină.
Mama Maniei - așa i se zicea Mariei Curie in familie - a fost profesoară și directoarea școlii unde a învățat ea mai târziu. A fost o femeie inteligentă, cultă, bună muzicantă.
Mania a avut pentru mama ei o dragoste nesfârșită.
Din nefericire mama Maniei era bolnavă de tuberculoză; primele simptome au apărut după nașterea Maniei. Ea a fost însă curajoasă și hotărâtă; nu și-a mai sărutat niciodată copiii. A avut cinci copii: patru fete și un băiat.
Mania fiind cea mai mică a fost cea mai răsfățată.

La patru ani Mania a învățat să citească având o memorie uimitoare. Deosebit de dotată, a fost în școală o elevă eminentă; învăța ușor limbile străine dintre care rusa o cunoștea la perfecție. La 10 ani rămâne orfană de mamă.
Maria termină școala la vârsta de 16 ani, luând medalia de aur, a treia de acest fel în familie. Toți patru copii ai unei mame tuberculoase și ai unui profesor epuizat de muncă, au în ei o forță irezistibilă, înving toate greutățile vieții, înfruntă toate obstacolele.
Mania își petrece vacanța în mijlocul naturii la un unchi. Deoarece îi plăceau mult sporturile, Mania a învățat să călărească, să vâslească și să înoate. Compunea și versuri cu ocazia diferitelor aniversări.
Dar lunile frumoase de odihnă la țară au trecut repede; au urmat ani de sacrificiu, de griji, umilințe, oboseală, muncă istovitoare. Profesorul Sklodowski și-a pierdut economiile într-o afacere nereușită a cumnatului său și astfel putea cu greu să-și întrețină familia din leafa sa.
De aceea Mania începe să dea lecții particulare, avea multe neplăceri cu elevii leneși și recalcitranți, cu părinți care luau partea copiilor.
Seara târziu se ocupa și de propria pregătire; studiază fizica lui Alfred Daniell, sociologia lui Herbert Spencer, lecții de anatomie și fiziologie scrise în rusește de Paul Bert. Când îi slăbea atenția din cauza oboselii ea trecea la rezolvarea unor probleme grele de algebră și trigonometrie, care o obligau să-și încordeze atenția și astfel putea să lucreze mai departe.
Lucrările lui Louis Pasteur, Charles Darwin, Claude Bernard au îndreptat preocupările ei spre științele exacte. Chimia, biologia, științele în general ocupau un loc mai

presus decât literatura: cultul scriitorilor a fost înlocuit prin cultul savanților.
Deoarece în Polonia de atunci, femeile nu aveau dreptul la studii universitare, Mania se gândește să plece la Paris pentru a urma la Sorbona matematica, fizica și chimia.
Mania este însă un suflet generos. Când sora ei Bronia este descurajată că din lipsă de mijloace bănești nu poate pleca la Paris să studieze medicina, Mania îi dă economiile ei, urmând să fie ajutată de Bronia când aceasta va termina facultatea.
Mania caută acum un post de institutoare. Intră guvernantă la o familie de avocați și apoi la o familie din Plock. Aici, în această regiune ea dă lecții copiilor de țărani, îi învață să scrie și să citească. Munca era grea dar Mania era mulțumită; era stimată și iubită de toată lumea. Fiul cel mare al gazdei, fascinat de calitățile intelectuale și morale ale frumoasei Mania, o cere în căsătorie. Părinții săi se opun însă energic:
Nu se ia în căsătorie o guvernantă!
În anul 1891 Bronia își termină studiile și se mărită cu doctorul polonez Cazimir Dluski și oferă ospitalitate Maniei. Mania este fericită că totuși la 24 ani va studia la Sorbona. Începe o nouă perioadă de muncă.
Marie studiază cu nesaț cursurile de fizică și matematică. Ar dori să urmeze toate cursurile, să audieze toți profesorii, 23 la număr.
Acum și-a dat seama că avea multe lacune în pregătirea ei intelectuală; nu cunoștea destul de bine limba franceză, studiile ei la Varșovia nu corespundeau cu cele cerute de bacalaureatul francez; trebuia deci să se apuce de o muncă serioasă, pentru a putea să obțină licența în științe, idealul ei.

Ea lucrează până la 10 seara la biblioteca publică, iar de la 10 până la 2 noaptea acasă când cade zdrobită de oboseală.

În anul 1893, la doi ani de la sosirea ei in Paris, îşi ia licenţa în fizică, clasificată prima, iar în 1894 licenţa de matematică, clasificată a doua, lucru extraordinar pentru o străină.

Anii de studenţie au fost ani de luptă dârză, am putea spune eroică, luptând cu foamea, frigul şi cu tot felul de neajunsuri.

Vacanţele, Marie le petrece în familie, la Varşovia.

Ea se reîntoarce la Paris unde primeşte o bursă şi i se încredinţează o lucrare asupra magnetismului; dar aceasta fiind bine plătită ea restituie bursa pentru un student sărac.

Pentru lucrarea asupra magnetismului Marie ceru sfat polonezului Kowalski, profesor de fizică la universitatea din Freiburg. Acesta o recomandă prietenului său Pierre Curie care, din primul moment se simte atras de tânăra străină. Pierre Curie, genial savant francez, este puţin cunoscut la începutul carierei sale, dar foarte stimat şi apreciat de colegi. Născut la Paris în mai 1859, el este al doilea fiu al doctorului Eugen Curie. Familia sa era de origine alsaciană. Cei doi fraţi, Jacques şi Pierre se pasionau după ştiinţele naturale. Împreună fac cercetări în domeniul cristalografiei descoperind fenomenul de "piezoelectricitate".

Stimulat de Marie, Pierre îşi susţine în mod strălucit teza de doctorat. Curând după aceea el o recomandă părinţilor săi şi se căsătoreşte cu ea. Ei fac nunta în familie, la Sceaux, la părinţii lui Pierre care nu s-au opus la

căsătoria fiului lor cu o străină săracă; o prețuiau pentru inteligența și caracterul ei ferm.
La Paris s-au instalat în două odăi cu mobilă foarte simplă. Seara după 8 ore de cercetări științifice și 2 ore de menaj, Maria împreună cu soțul ei Pierre se așezau la masa de lucru. Amândoi aveau același ideal: știința.
Sarcina Mariei era mai grea; ea trebuia să se ocupe și de treburile migăloase și obositoare ale menajului.
În iulie 1896 Marie Curie trece examenul de agregație, care-i dădea dreptul să ocupe o catedră. Ea reuși prima. Îndată după aceea se hotărî să ia o lucrare de doctorat.
În perioada aceea s-au făcut mari descoperiri în fizică.
În anul 1896 Henri Becquerel, care poseda o bogată colecție de substanțe fluorescente, a experimentat să vadă dacă uraniul este fluorescent și a constatat că uraniul însuși emite raze, pe care el le-a numit „raze uranice". Intrigată și dorind să cunoască originea acestor raze precum și faptul dacă numai elementul uraniu este radioactiv Marie Curie a reluat experiențele, a măsurat puterea de a emite raze a diferiților compuși ai uraniului și rând pe rând a tuturor elementelor cunoscute.
Prin aceste experiențe ea descoperi că nu numai uraniul dar și toriul emite spontan raze asemănătoare celor de uraniu. Proprietatea aceasta Marie Curie o numește „radioactivitate".
Mai târziu a constatat că un anumit minereu de uraniu – pehblenda – poseda o radioactivitate mai intensă decât elementele de uraniu și toriu. De aici a tras concluzia că pehblenda trebuie să conțină un element nou, mai radioactiv decât uraniul.

Pierre Curie a părăsit studiul cristalelor și a început să lucreze cu soția sa. În octombrie 1898 soții Curie anunță descoperirea radiului. Dar trebuia dovedită existența lui. În condiții neprielnice soții Curie și-au reînceput activitatea topind tone de reziduuri ce conțineau presupusul radiu.
Într-o scrisoare adresată surorii sale Marie spune:
Dacă anii mei de studentă au fost supranumiți de Cazimir „anii eroici din viața cumnatei mele", pot spune fără exagerare, că anii petrecuți în baracă au fost pentru soțul meu și pentru mine anii eroici ai existenței noastre comune.
Cu acești oameni bravi, inteligenți, cercurile conducătoare ale Franței au fost nedrepte. In anul 1898 Pierre solicită catedra de fizică de la Sorbona, apoi catedra de cristalografie dar îi sunt refuzate.
Paul Appell, renumitul matematician, admirator a lui Curie propune să fie decorat cu legiunea de onoare.
Pierre refuză spunând că el dorește un laborator.
În anul 1902 Marie Curie reușește să prepare un decigram de clorură de radiu pură și determină greutatea atomică a radiului, 226. Un nou element este trecut astfel în căsuța liberă a tabelului Mendeleev.
Chimiștii cei mai neîncrezători, căci mai existau încă, au trebuit să recunoască faptele și să se închine în fața perseverenței și muncii supraomenești a acestei femei.
În anul 1903 Marie Curie își susține teza de doctorat cu subiectul "Cercetări asupra substanțelor radioactive".
Președintele după ce pronunță formula cunoscută:
Universitatea vă acordă titlul de doctor în științele fizice cu mențiunea de foarte bine cu distincție, adaugă

În numele juriului și al meu țin să vă exprim toate felicitările noastre.

Deasemenea în anul 1903, Henry Becquerel și soții Marie și Pierre Curie împart premiul Nobel pentru Fizică.

Soții Curie care au suportat sărăcia, neajunsurile, nedreptatea omenească pentru prima dată se plâng de nervozitate care le crește odată cu renumele, cu gloria lor.

După patru ani Pierre este numit profesor la Sorbona cu trei colaboratori printre care și soția sa.

Un accident fatal face însă ca ilustrul savant să înceteze din viață. La vârsta de 38 ani Marie Curie a rămas văduvă cu doi copii mici.

În urma morții lui Pierre Curie catedra este ocupată de Marie Curie. Pentru prima dată o catedră universitară este încredințată unei femei. La 4 noiembrie 1906 jurnalele anunță deschiderea cursului doamnei Curie.

Pentru prima dată o femeie vorbește la Sorbona, o femeie care este în același timp un geniu și o soție disperată. Cursurile bine studiate sunt la înălțimea acelor susținute de profesorii care odinioară o captivaseră pe Mania Sklodowska.

Toți o respectă și o admiră.

In anul 1910 i se oferă Legiunea de Onoare; o refuză însă urmând exemplul lui Pierre.

In anul 1911 Suedia îi acordă pentru a doua oară premiul Nobel (de data aceasta de Chimie).

Visul ei ca și a lui Pierre era de a avea un laborator. El se construiește dar primul război mondial îi stânjenește activitatea.

În anul 1920 Mariei i se dăruiește un gram de radiu.

În anul 1923 Fundația Curie și Universitatea serbează 25 ani de la descoperirea radiului. În unanimitate se votează legea prin care Mariei Curie i se acordă o recompensă națională de 40000 franci.
Dar sănătatea Mariei începe să se șubrezească; îndelungata manipulare a radiului a făcut din acesta propriul ei ucigaș. Măduva nu-i mai reacționează din cauza expunerii la radiații timp îndelungat.
La 4 iulie 1934 Marie închide pentru totdeauna ochii. Vestea morții ei se răspândește ca fulgerul și toată lumea poartă doliu.
Viața Mariei Curie este cel mai frumos exemplu de muncă dezinteresată dusă până la eroism. Opera ei va rămâne nepieritoare; generații după generații vor folosi cercetările, îndrumările și publicațiile ei.

POETRY
PROSE

Note: POETRY/PROSE has appeared in book „EARTH & SPACE   POETRY.PROSE"
under pseudonym IRENE ASTRAL

VIEW FROM THE STREET

The day has shine the night has dark
The sun is bright the moon is dark
The sky is blue, the sky is dark
The cloud is white, the cloud is dark
The air is fresh, the air is dark
The tree is green, the tree is bark
The grass is silk, the grass is park
The rain is silver or a spark
The sea is still, the sea is shark
The sound is music or a bark
The street is creek, the street is lark
The love is not (may not be dark)
The life is spark, the life is dark
The star is brilliant or dark
The All is light, the All is dark
The death is fly? The death is dark?

THE SEA

The sea is blue and dark and light
The sea is green and black and white
The sea is pink and golden bright
The sea is smile, caress, delight
The sea is joy and thrill and fright
The sea is hug and kiss or bite
The sea is wild with no contrite
The sea is space and life and fight
The sea is home and walk and flight
The sea is field, abyss and height
The sea is water, foam and might
The sea is tide each day and night

THE SUN

From its height, from where it can the universe survey
And the light spread in the bright multitudes of the ray
One of billions in the galaxy Milky Way
Rounding that's middle in an elliptical sway
The star Sun calls me with passion almost every day
I rush and run happily at its altar to pray
I get brown suit and golden stars which in the hair stay
Since the Sun spreads the light in bright multitudes of ray
From its height, from where it can the universe survey

THE PLANETS

Around the Sun in space
Are nine planets in lace
Having Jupiter ace
They keep on the retrace
For many years in race
Each of them wants the mace
Mercury runs the first trace
Venus is glasshouse in race
Earth is our historic place
Still known as life only case
Mars exhibits reddish grimace
With biggest volcano in lace
Jupiter has amazing face
Is keeping so for the mace
Saturn is a show in space
Envied for the ring by lace
And could float on water face!

Uranus spins on the trace
And its many moons it chase
Neptune has green-blue grimace
With fastest winds on its face
Pluto, the smallest in lace
Has also the hindmost place
But no doubt that is last trace?

FOR SPOT

On Earth there is a spot
Where I stay a time lot
And sky I watch like tot
And so the All I got
I see the stars by spot
A bunch to fill a pot
But if I think a lot
I know that all that pot
Was in an only dot
Too small to fill a pot
The dot exploded hot
The stars will return dot
Is that the truth or not?

THE GREAT WALL

The colossal cosmic structure bar
The Great Wall is built star over star
Grouped in the super clusters which are
Self-closing nets on spherical jar
Gulfs of empty space keeping them far

Super clusters are built star by star
Those stars in groups or clusters tied are
Gulfs of empty space keeping them far

The clusters by many stars built are
Bunched in galaxies that cannot spar
Gulfs of empty space keeping them far

THE UNIVERSAL OSCILLATION

In universe anything is in oscillation
Anything changes to that in opposition
Any things increase and decrease by fluctuation
Moving from one to the contrary situation
The unified scatters by decomposition
The dispersed unifies by amalgamation
Stars gather from dust and powder by creation
Dust, powder create stars in annihilation
Earth's time rotates day and night by large vibration
Its climate alternates hot and cold condition
Its places swap dry and green configuration
War and peace play each other by rotation
Societies change wild in civilization
Civilizations disappear by dissolution
Countries alternate union and separation
Humans' birth and death follow-up in repetition
Their feelings interchange love and detestation
Their minds fluctuate between hope and resignation
By successive cycles of expansion-contraction
From the Big Bang to the Big Crunch in oscillation
The universe is moving in alternate action

THE GENETIC CODE

Mother Nature on the planet Earth is rich well
In all kinds of beings, series products to tell
Body build unit with program is the small cell
The cells in nuclei heredity propel
By chromosomes universal genetic code spell
By DNA genes characteristics impel
For any kind of beings that will grow up well
Those were evolving from the passed ones that fell
Serial or parallel evolving as well
And function of time, in parallel lines duel

In the body cells that a trillion can sell
Is story of life narrated by silent bell
Disarmingly simple and elegant as well

THE COMPUTER

Evolving from the geared wheels abacus, for which
Charles Babbage we cheer
Digital computer versions gather in the 1940 year
Electromagnetic switches, the relays, binary numbers steer
For digits 1 or 0 in binary, relays ON or OFF veer
Electronic computer progress in more generations appear
As the first generation in the 1946 year
"Electronic Numerical Indicator and Computer" appear
With electronic valves instead of relays, 27 tons peer
The second generation in the 1951 year,
Using the transistor, under the name "UNIVAC 1" did appear
The third generation in the fan of 1960 year
After the invention of the integrated circuit did appear
The fourth generation in the span of 1980 years
Has appeared, having the powerful microprocessor the head gear
Following, the fifth generation in the 2020 years
With very large-scale integration, controlled by the voice will appear
Organic/electronic store, artificial intelligent peer
The sixth generation in fan of the 2100 year
Under the new name of the bio-computer further will appear
A hybrid with living organisms, itself to people will endear

The modern computer the operator does near
With DOS, Windows, MAC, UNIX programs miracle mere
Too it performs tasks a lot with the computing gear
For accountant, photographer and engineer
The computers communicate by space or phone wire
In the area networks LANs or WANs up to shire
As world communicator Internet does appear
People advertise, shop, teach, learn wonderfully here
So, the digital computer works what you require
Marching in silence 0s and 1s at high speed, squire!

THE OLYMPICS

Original in Olympia of Greece ancient tear
Now in any country since the 1900 year
With the old and the modern sports which the 20 near
Two weeks at four years the Olympic Games reappear

Sydney was their proud host in the 2000 year
Under symbolic torches which the oil sear
Athens - again Greece - is their 2004 year

And the reward of great efforts is the sea of cheer
The gold, silver, bronze medals for the each victor peer
But the immortal fame as the greatest prize appear

THE HOLIDAY

From the hard work a break
Once in year you may take
Forget tasks for your sake
If work pause can't partake
Employ one on hands shake
And nice travels you make
For way in kitchen bake
Organic meal not fake
(Duck on cabbage and cake)
At the car proof the brake
And go to sea or lake
In water tiredness slake
Then in mountains you wake
Preventing depression snake
And it will be no mistake
If too abroad way you take
With up to three months rest break
You are back relaxed, awake
Avoiding disease outbreak
And happy, for Goodness sake!

ANABELLA
Tale

Her name is Anabella
She walks like Cinderella
With the grace of Estella

The rising dawn named her Ella
The bright sun at noon says Stella
The evening wind whispers Bella

But she is Anabella
Who steps like Cinderella
With the grace of Estella

The field flowers call her Stella
The butterflies repeat Ella
Forest rumours murmur Bella

But she is Anabella
Who walks like Cinderella
With the grace of Estella

The bluish sky birds sing Stella
Silvery brooks babble Bella
The mountains vales echo Ella

But she is Anabella
Who steps like Cinderella
With the grace of Estella

The sea into shores sounds Ella
The dusk in colours draws Bella
The far-off stars signal Stella

But she is Anabella
………………….……..

SUNRAY
Tale

The king who in the sky gardens lives far away
The Sun to its beloved daughter Sunray did say
"Go on Earth as a girl among people you stay
Show them how to live, helping them day after day
Show them how to grow various crops in earth clay
How to use the gifts of earth without they to fray
How to care for children, show to them the right way
How to dress in gladness each month from May to May
For a happy life on Earth, myself I do pray!"

The Sun sent its beloved daughter, by the name Sunray
As proof of its love, care for Earth, its word to relay
Faithful Sunray went away and the Sun did convey
Sunray was a beauty, golden shining lovely ray
Clever, doing any hard work easy as a play
Everywhere she walked the things became bright from the grey
The people became happy with her in interplay

And when all was right and came the time to go away
She meets the beautiful eyes of a boy that hers pray
She asks him if he would want to go with her astray
" From space to space we travel in parallel ways
We cannot be together in our earthly days
But to infinity ways meet without delay
There we will live happily under the stars' sway"

ORION
Tale

I

At night I see ORION splendid constellation of the sky
Glittering to any part of Earth, from early times a passer-by
Where the legendary hunter Orion among the stars lie
Poising his club to strike the Taurus, the Bull with the red star eye
The constellation has variety names which in meaning vie:
The ancient Egyptians to the amazing figure *Sahu* cry
Akkadians call *Uru-Anna*, "Light of Heaven" personify
The Greeks name it *Oarion*, which for the "Warrior" apply
And Arabians call *Al Jabbar* that for the "Giant" reply
Stemming in Syriac *Gabbara* or Jewish *Gibbor* nearby
For early Irish constellation is the "Armed King" *Caomai*
To Norsemen is *Orwandil,* Saxons to *Ebuorung* say Hi!
It was pictured the "Stormy One" by Virgil, Horace and Pliny
In the Middle Age was *Menelvagor* the "Swordsman of the Sky"

II

At night I see ORION splendid constellation of the sky
Stellar jewel 5 h 30 min right ascension by
On celestial equator, the Great Hunter personify
Alpha-Betelgeuse & *Gamma-Bellatrix* stars his shoulders magnify
Shoe-buckle and knee, *Betta-Rigel* & *Kappa-Saiph* imply
Striking *Delta* & *Epsilon* & *Zeta* jewelled Belt vitrify
Below the Belt, *Theta* & *Iota* stars gleam great Sword underlie
Behind CANIS MAJOR and CANIS MINOR stars for dogs apply
And beneath his feet crouches LEPUS, the Hare, quiet and shy
Scattering shield of lion hide faces TAURUS with baleful eye,
The star *Aldebaran*, glaring down from V-shaped *Hyades* sly

III

At night I see ORION splendid constellation of the sky
Famous strange legends, whispered and murmured, a hero imply
The great Hunter Orion who Sea-Earth child personify
Hellenic Nimrod in Boeotian Hyria with woods ally
Stronger than all heroes, an ash tree on his shoulders was fly
To him the sea shallow pond was, he seemed walking on its lye
Orion the tallest and handsomest of men for to die
Married Side with pomegranate cheeks, beautiful hard to deny
Rivalling her the mighty goddess Hera dissatisfy
She sent Side to the god Hades in the underworld to lie
An affectionate dream remained their love the dream turning wry
Orion wandered in woods pale with love of Side in deep sigh
And sorrow whishing to die ... and half of him died in his cry

Hunter Orion was young and an ardent hope came to him by
An auspicious time healed his wounds the old fate threw a new die
The strong hunter wanted a challenge to the great fame say Hi!
He went to island Chios with woods full of beasts his luck to try

Dyonisos god's son Oinopian was king with a shy
Daughter, Merope, promised wife whom island of beasts pacify
Oinopian thought nobody his condition would comply
And never his life's joy, Merope, stranger's wife he has to cry
But able Orion fought every day in woods his prize to buy
Every evening bringing the pelts at Merope's feet proof of try
Oinopian afraid that the hunter wins and he can't deny
When that wooed Merope invited him to party and on sly
Invoked Dyonisos to send Satyres with wine him to ply
Orion fell asleep, the king blinds and flings him on shore to lie

An oracle announced that the blind man would regain his eye
If he travels to the east and turns his eye-sockets towards sky
Where Sun god Helios first rises from Ocean, did that testify,
Driving a four-horse chariot across heavens, day to notify,
From an east magnificent palace to one in west in a fly
By Cyclops' hammer Orion reached Lemnos in a boat, smiling wry
Took Cedalion, Hephaestus' apprentice, on shoulders, to rely
To lead him to the furthest Ocean as oracle did prophesy

At close of night rosy-fingered, saffron-robed exquisite stuff dye
The goddess Eos, Helios' sister, rises from her east couch shy
She mounts her chariot drawn by Lampus and Phaethon in fly
Rides to Olympus announcing the approach of Helios on sky
As Hemera she accompanies him on his travels by
As Hespera she tells his arrival on west shores in a sigh
The goddess Eos saw the beautiful mortal for to die
And fell madly in love with him at the first glance from the sky
The bright Helios arrived and duly restored Orion's eye
With his sight healed Orion saw Eos dressed in the rainbow dye
And happy went with her to Delos, holy island, in a love fly

To avenge, Orion returned in Chios Oinopian defy
But that was hiding in the underground by gods being ally
Orion sailed on to Crete Island for Oinopian to pry
He met Artemis maiden who the goddess of hunt personify
Began hunting with her saying to the cruel vengeance good bye

Beautiful Artemis in hunting tunic with red hem her knee by
Has all mountains in the world, for *Lady of the Wild Things* apply
Cyclops made her silver bow with quiverful of arrows to try
With them the *Maiden of the Silver Bow* her too testify
Two couples of horned hinds a golden chariot over mountain ply
Twenty river-nymphs from Amnisus in Crete at her call reply
Sixty young ocean-nymphs as maids of honour her power underlie

Wonderful time enjoyed Orion with Artemis and the nymphs by
Skilful hunter as hero among gods...but he was mortal God my!
The mighty goddess Hera looked to earth from her palace in sky
And saw Orion endowed with beauty and charm hard to deny
"A mortal with the attributes that only to the gods apply
Merope, Eos, Artemis companion instead of life in sty
For arrogant pride the daring hunter should be punished, in reply
The scorpion can sting Orion when he in the wood deeps lie"

Died Orion Hellenic Nimrod, Great Hunter with the woods ally
The friendly gods immortalized him as constellation on the sky
Glittering to any part of Earth, from early times a passer-by

YELLOW PRINCESS
Tale

I

A long time ago in the faraway Yellow country reigned the Yellow King, who had a daughter, the Yellow Princess.
She had long yellow hair, big yellow eyes and was always dressed in a charming yellow dress.
She was very beautiful.
All the courtiers loved the Yellow Princess.
The Yellow Princess sang with her wonderful voice in the palace, accompanying herself on lute or harp.
All were happy to listen to her.
The cooks cooked the best cakes for her.
The tailors made the most wonderful yellow frocks for her.
The wise men taught her all their knowledge.
And so, in happiness, the Yellow Princess grew up.

II

A long time ago in the faraway Yellow country reigned the Yellow King, who had a daughter, the Yellow Princess.

She had long yellow hair, big yellow eyes and was always dressed in a charming yellow flowers dress.

She was so beautiful that all nature loved her.

The sun and the moon sent their rays to welcome her over all she walked.

The flowers and the trees laid carpets of petals and leaves over all in her way.

The birds sang the nicest concerts when the princess walked in the forests.

The animals accompanied her as good and faithful friends.

The sky and the sea dressed themselves in the rainbow colours when she bathed in the water.

Nature was happy with the Yellow Princess in its bosom, and the Yellow Princess was happy too.

And so the Yellow Princess grew up.

III

A long time ago in the faraway Yellow country reigned the Yellow King, who had a daughter, the Yellow Princess.

The Yellow Princess was so beautiful that the sun and the moon were made pale in comparison with her.

She had long yellow hair, big yellow eyes and was always dressed in a charming yellow gold dress.

The Princess loved the autumn, when the leaves changed their colour from green to yellow and fell from the plants and trees, dressing long paths in yellow.

The fame of the Princess's beauty spread wide and arrived in the Orange country at the Orange King's court.

The Orange King had a very handsome son, the Orange Prince.

The Orange Prince had curled orange hair, big orange eyes and always he was dressed in a beautiful orange suit.

In the Orange country, the autumn changed the colours of the leaves to orange; they covered long paths with orange.

The Orange Prince heard so much about the Yellow Princess that he decided to meet the Yellow King.

The effort of his long travel was rewarded when he saw the Yellow Princess. The Orange Prince fell in love with her and asked her to marry him.

The Yellow Princess never saw a nicer man and was happy to marry him.

Their wedding took place autumn and the leaves, yellow and orange, covered the path to the altar. Long strings of yellow and orange autumn flowers followed the young pair to the altar.

The Yellow Princess and the Orange Prince still live happily in the faraway Yellow-Orange country.

IMAGERY

She is a young engineer.
Now she is resting after one of her very busy workdays...
....
She works in The Temple.
It is not easy work here; it is hard to please the Gods:
The God of Trueness, The God of Accuracy,
The God of Precision, The God of Correction,
The God of Efficacy, The God of Reliability, The God of...
Especially are the days when the Gods do their periodical control walks, looking through windows.
They watch, comment or speak to each other; never she has heard what they say.
But today a window opens suddenly. She hears voices outside:
– Is she?
– So, I think.
– Sure, only she comes so early.
– Why?
– What does she want to show?

– It is her belief.

– Can you believe that?

– Why not. A self-thought personality.

– In a so different environment?

– I was also different; do you remember my dear?

– Yes, but...

– It is not about wives and it is equal of gender.

– How can you speak so?

– It is impossible.

– What does she want to show?

– I see nothing positive.

– That she is different.

– No, that she does very well her duty.

– No, she only works.

– Her soul has been ours all the time.

– My soul has been yours all the time darling.

– I have been impressed.

– We have been surprised.

– Anyway, it is not usual.

– What does she want to show?

– Very correct!

– Very accurate!

– Very exact!
– Very reliable!
– Very efficient!
– Very efficacious!
– What are they speaking about dear?
– Why are you not happy?
– What a fight!
– What a passion!
– Only the good Gods helped her.
– It has been a pleasure!
– You always find rare pleasures.
– I do not agree.
– She dares too much.
– Who is she?
– What does she want to show?
– Anyway, she has been the best robot.
– What kind of energy does she use?
– Nothing special, but she is honest.
– She will be with us.
– Anyway, she has been always the best...
…………..
– What imagery, says she awaking.

THE LIFE IS LIKE THAT

The migration is a natural process, common to fish, birds and animals in order to feed, breed or live in better conditions. The people migrate for the same reasons.

Against the stupidity it is not possible to fight.
Once there, it is attractive, develops, blooms and bursts by itself.

The parents of a child have a friend and between him and their child has been sympathy from its early age. The child was already at school for few years and began to learn a foreign language, when the parents, looking very annoyed, asked their friend if can help them speaking with the child to learn better French; they had no success.
Of course the friend accepted, thinking that will succeed saying that other children learn two or three foreign languages, so to learn only French it is not so a big task. After the friend conversation with the child, the child asked the parents:
– Why do I learn only one foreign language?

Tommy knows the uncle John before uncle's marriage to ante Catherine, since she invited him at breakfasts.

The summer sun spread its warm overall and Belle went to the nearest beach to enjoy a nice day by the sea.
When she was looking for a place on beach, she heard a voice:
– Here is more sun!

In one spring, nature was dressed in wonderful colours and the landscape was so beautiful that Rose felt that she should immortalise it in a painting.
She went in a park and while she was painting, a couple passed beside her.
Rose overheard him saying to her:
– You never have been interested in such kind of things.
After a time, Rose went in the same park to do some drawings.
This time another couple passed beside and Rose heard her saying to him:
– Because of her they split up.

Although Prudence needed to study many evenings and holidays for her daily work, she did not like to bother other people speaking about that. But Prudence heard somebody saying that she has good luck because finds immediately solutions for problems, whilst others can't find.

The conference organized by a certain company became attractive for Briona since one of the directors pointed out the future development aims. She saw immediately a close connection with her own professional interests and thought that a conversation on subjects, as soon as possible, with the company's chairman will be interesting for her, but also will help him to reach his goals in an optimum efficient way.

Briona prepared a short but documented description of her views on company's problems, together with the possibilities and the capabilities to collaborate with that company in future, using speciality terms to underline her qualification and horizon and she called the company to arrange an appointment.

The chairman's secretary, who answered the phone call, said that the chairman is very busy for a long period of time, but Briona can tell to her what it is all about and she will tell to him.

Along the centuries the people have misused the love as a means to: amuse, challenge, comfort, compensate, compromise, consent, console, content, consolidate, corrupt, disappoint, dissolute, destruct, dominate, educate, embarrass, fight, frustrate, harass, humiliate, hurt, intimidate, irritate, kill, live, pay, please, procreate, punish, recompense, reject, relief, research, revenge, reward, seduce, spy, succeed, supervise, trouble...

www.ingramcontent.com/pod-product-compliance
Lightning Source LLC
Chambersburg PA
CBHW062040290426
44109CB00026B/2680